Jahreswandeln II

AUSGEWÄHLTE
GEDICHTE

Ana Flor

der Stern

Jahreswandeln II

AUSGEWÄHLTE GEDICHTE

Ana Flor

Bibliografische Information der Deutschen Nationalbibliothek:

Die Deutsche Nationalbibliothek verzeichnet diese Publikation in der Deutschen Nationalbibliografie; detaillierte bibliografische Daten sind im Internet über dnb.d-nb.de abrufbar.

2. Auflage 2018

Umschlaggestaltung und Layout: Ana Flor
Fotos und Bilder: Ana Flor

Kontakt: poems@anaflor.de
www.anaflor.de

Herstellung und Verlag:
BoD – Books on Demand, Norderstedt
ISBN 978-3-746012551

Inhalt

Jahreswandeln II

Schwebfliege vor Islandmohn, Norwegen)

Vorwort

Das Schreiben begleitet mich seit meinem 10ten Lebensjahr, ausgelöst durch ein Erlebnis an einem frühen Sommermorgen: Ich erwachte im Zelt von einem ohrenbetäubenden Vogelkonzert, griff vollkommen überwältigt zu meinem neuen roten Taschenkalender und begann zu schreiben.

Neugierde, Abenteuerlust und berufliche Gründe tragen mich immer wieder hinaus in die Welt. So verbrachte ich u. a. mehrere Jahre in Norwegen, Ostafrika, den Niederlanden und Neuseeland. Ein wesentlicher Auslöser hierfür ist meine vom „Outdoor-Leben" und damit stark von der Natur geprägte Kindheit. Sie inspiriert mich – sei es um ihrer selbst willen oder als Rahmen für innere und äußere Prozesse.

So begleitet dieses Grundthema alle hier versammelten Gedichte (u.a. viele Gedichte aus Band I, vier Neukreationen sowie Fotografien und Bilder). Viele folgen dem Jahresgang, aber lesen Sie selbst...

Ich danke allen Menschen von Herzen, die mich auf meinem Lebensweg begleiteten und begleiten, denn sie alle haben auf ihre Weise zur Vollendung dieses Gedichtbandes beigetragen.

Ana Flor, im November 2018

*Manches Gedicht wurde für einen bestimmten
Menschen geschrieben, doch am Ende
des Tages ist es*

für alle.

Der erste Regen

Der erste Regen,
endlich auch das.
Der Frühling kommt,
wenn auch nass...
So Vieles geschieht,
wie von allein.
Alles erblüht,
wäscht sich rein...

Regen als Symbol
für Lebenswille.
Das Leben wächst
in feuchtfroher Stille...

Der violette Krokus

Seine Tränen heilen ihre Wunden,
und sein Bauchnabel ist ihr Zuhause.
Sie treiben im gleichen Badewasser
und trinken aus einem Kelch.

Die Stürme der Zeit trieben sie auseinander,
und die inneren Wirbel schafften den Rest.
Sie trieben endlos wie Korken auf dem Wasser
und erreichten kein rettendes Ufer.

Neuland, verbranntes Land überall.
Nichts war vertraut, heimatlos.
Kein Boden unter den Füßen,
und nirgendwo Nahrung für die Seele.

Nichts war beruhigend,
weder der Klang der Low Whistle noch
das Summen des Wasserkochers.
Vertrautes wurde zur Gefahr.

Der Blick aus seinen Augen
trieb den Dorn tiefer in ihr Herz,
und das Schließen der Tür ließ sie frieren.
Die Ofenglut wurde kalt.

Und doch hielten sie das Band
fest umschlossen und glaubten.
Und nach einem langen kalten Winter
erblüht ein violetter Krokus im Schnee.

Frühlingsbann

Dem Totenbett des Winters
entsteigt grünzartes Neu.
Auf feinen, leisen Füßen
sucht es den alten Wald.

Kalter Wintergeist beharrt,
das Schwert aus Eis gezückt.
Doch durch die graue Pforte
schreitet mutig das Grün.

Die Blumenhand erhoben
erstrahlt hellweißes Licht.
Der alte Wintergreis fällt
leise lächelnd in Schlaf.

tapsiger Höhlenbär

Der Frühling erwacht,
und die Seele kracht
aus allen Nähten.
Nie warst du so prall
und leer zugleich.

Bist überfüttert und
doch ausgehungert.
Verwirrung und Nebel
beherrschen die Szene.

Tastest dich blind voran,
den linken Arm vorgestreckt,
tropfnass und zitternd.
Gott, bist du einsam!

Wie ein tapsiger Höhlenbär,
der nach langem Winterschlaf
blinzelnd in die Sonne guckt,
so fühlst du dich.

Doch, das würde ja bedeuten,
dass du bereits im Licht stehst!
Wie kann das sein?
Was hast du übersehen?

Irgendetwas stimmt da nicht,
und du weißt immer noch nicht, was.

(bärige Kumpelumarmung vom tropfnassen Sauerampfer)

Frühlingsdepression

Frühling schreitet auf müden Füßen
über kältestarrendes Land.
Kraftlos bewegter Körper
in trauererschlafftem Geist.

Gedankenschwere Innenschau
in ausgehöhlte Tiefen.
Ausgetrockneter Lebenskelch,
die weiße Blume verwelkt.

Die leichten Träume vertrieben
durch winterkalten Wind.
Frühling trägt schwer
an den Lasten des Winters

und erbittet Urlaub.

Ankunft

Heute zog der Frühling ein
mit seinem grünen Bündel.
Fand nun doch den Weg zu uns
und ist geneigt zu bleiben.

Noch ein wenig ausgezehrt
und bleich vom langen Gehen.
Doch in ein paar Momenten schon
wird sich der Wandel zeigen:

Hier ein leichter Blumengruß,
dort eine Sonnenweise.
Die Wiesen barfüßig geküsst,
den dicken Baum umarmt.

So sehen wir ihn tanzen,
den frohen Frühlingsboten.
Erlösung bringt er, Frieden
und gründurchwebtes Strahlen.

Es war ein langes Warten
in bangen kalten Nächten.
Der Hoffnung goldne Kelche
von Fingern klamm umfasst.

An diesem Morgen endlich
erstrahlte goldnes Blau.
Vor offnen Fensterflügeln
tanzt sanft gestimmt der Wind.

Stillblaues Schweigen

Still erblauendes Frühlingsschweigen
in krokusvioletter Luft.
Forsythiengelber Frühlingsreigen
in schwerem Hyazinthenduft.

Frohlockend buntes Sein
auf grüner Mutter Erde
in mild goldgelbem Schein.
Ich staune, wachse, werde.

Frühlingsneues Lebenssein
im ewig währenden Kreis.
Porentief und farbenrein,
das ist alles, was ich weiß.

Und das ist alles, was jetzt zählt.
Genießen, sein und leben.
Es ist das Leben, das uns wählt,
um uns ihm hinzugeben.

Blau.

Atme das Blau.

Rieche das Blau.

Schmecke das Blau.

Höre das Blau.

Fühle das Blau.

Sieh das Blau

- und erblaue.

Los!

Märzenbecher
Kelch des Lebens
Grünende Hoffnung

Aufwachen aus dem Grau
die Luft schmeckt nach Energie
sprühende Lebensfunken
in pulsierenden Adern

freudige Spannung
weicher Atem
offener Blick

Hüter der Zeiten

Bäume sind Hüter der Zeiten,

auf denen die Winde reiten.

Grün ist die Farbe der Erde

- auf dass es Frühling werde!

Frühlingsflügel

Zart gebiert sich der Frühling,
rekelt sich verschlafen im Wald.
Streift die Laubdecken ab
und blinzelt ins Blau.

Schreitet barfüßig dahin,
noch trunken vom Schlaf.
Berührt verspielt eine Birke
mit lächelnder Hand.

Schwebt auf leisen Flügeln
in erwartungsvolle Luft.
Wind erhebt sich säuselnd
bis ans ferne Meer.

Flüsse erklingen in Lachen.
Wälder rascheln Frohsinn.
Wiesen raunen Liebe
und begrüßen das Grün.

Ungnade

Frühling verlor die Farben
auf dem Totenbett des Winters.
Verfrorenes Blau,
erstarrt in fahlem Gelb.

Verblichenes Grün,
frostkalt umklammert.
Der Märzenbecher leer,
und das Wasser schwarz.

Bleich gibt sich die Sonne
und stark ergraut der Mond.
Mutter Erde ist müde
und Vater Himmel ratlos.

Die Elemente verlassen uns.
In Ungnade gefallen.
Wir sollten uns besinnen,
bevor das Licht erlischt.

Frühling in Groningen

Alles ist so anders
- nun, da du gekommen bist.
Endlich.
Alles ist umwoben
von deinem zarten Schleier.
Geräusche dringen herauf
durch das weit offene Fenster.
Stimmen, ein Pfeifen, Fahrräder,
ein Glockenschlag,
Vogelgezwitscher.
Alles ist so anders.
Blumenduft.
Fröhlichkeit.
Lebensenergie.
Mein Blut beginnt zu pulsieren,
durchfließt meinen Körper.
Ein roter warmer Strom
voll Energie und
Lust auf Leben.
Frühling.

Frühling in Groningen.

erneut

blumen öffnen herzen
und augen werden weit
die äcker schimmern grün
natur und mensch bereit

blauer lebensvogel
gleitet froh durch die luft
tanzt den lebensreigen
in licht und blumenduft

Out of the forest

Out of the forest
into the sea.
No more borders,
no more me.

Out of the green
into the blue.
Nothing to wait for,
nothing to do.

Where forest meets water
and land meets the sea
lives the elb's daughter,
the true inner me!

Frühling ist von Sinnen

In Furcht erstarrtes Schweigen,
gelähmter Erdenreigen.
Er will sich nicht erheben
zu neuem, lichtem Leben.

Gedankenschweres Schreiten,
statt freudenvolles Gleiten.
Bleischwer verklebtes Dümpeln
auf tief geschwärzten Tümpeln.

Es will ihm nicht gelingen,
das leichte Flügelschwingen.
Die Freude will nicht keimen,
kein Blütenwort sich reimen.

Frühling verlor die Farben
und auf der Erde darben
die Lebewesen freudlos
auf fahlgrauem Eismoos.

Frühling ist von Sinnen,
er weiß nichts von Beginnen.
Im Winterwald verloren,
die Seele eingefroren.

Bebend vor stillem Weinen,
verlassen von den Beinen,
kauert er ohne Leben
und Mut, sich zu erheben.

Doch dann ein leichtes Wehen,
aus Ahnen wird Verstehen.
Er taucht in warme Fluten,
verbindet sich mit guten

Glücksgeistern dieser Erde.
Auf dass es Frühling werde!

Inselzauber

Ich bin am Ende dieser Welt,
dort, wo sie sich selbst anhält
und über ihre Schönheit staunt,
magische Zauberworte raunt.

Vor mir nichts als tiefes Meer
und endlose Weite ringsumher.
Vulkankraft ist zu spüren,
will mich tiefer zu mir führen.

Von tiefster Stille umgeben
bin ich dichter dran am Leben
als irgendwo sonst auf dieser Erde,
auf dass ich selbst vulkanisch werde.

Erdfeuerenergie
und die Magie
der tiefblauen Weite,
durch die ich beinah schwebend schreite,

bringen mich zum Seelenquell
und hell
erstrahlt mein Seelenlicht,
das sich in meinen Augen bricht.

Es ist das Licht, das alles klärt
und sich des Dunklen klar erwehrt.
Es dringt in jede meiner Zellen,
um alles Leben zu erhellen.

rosigfrischer Morgen

Die Lungenflügel weiten
und erheben sich
in die blauen Lüfte,
den Frühling zu begrüßen.
Mit bloßen Füßen
und nackter Seele.
Auch aus ihr
sprießt das Grün.

Auf zu neuen Ufern
segeln deine Gedanken
und verlassen die Schranken
enger Gedankengänge.
Licht bricht den Bann
und das Blau
sich im Tau
des rosigfrischen Morgens.

Die Essenz des Karamellbonbons

Es ist so eisige Luft,
dass selbst den Blüten
der Atem stockt, als glühten
die Winde, doch ihre Wärme verpufft.

Der Wind reißt wild an wehrlosen Bäumen,
rüttelt und schüttelt und lässt mich erbeben,
weht ihre Krone aus nacktgrünen Träumen,
mir bleibt nichts weiter als mich zu ergeben.

Doch in der Präsenz dieses Augenblicks
verschmilzt der Moment
zur Essenz des Karamellbonbons.

Grünendes Wachsen

In der ergrünenden Esche
singt die Amsel ihr Lied.
Die Nachbarin wäscht ihre Wäsche,
was da wohl sonst noch geschieht.

Der Frühling ist nun gekommen
ins kühle nordische Land.
Du hast dir viel vorgenommen,
nimmst dich nun selbst an die Hand.

Du möchtest ins Grün dich ergießen,
in sonnendurchfluteter Pracht.
Einfach das Wachsen genießen,
raus aus tiefdunkelster Nacht!

Möge dir dieses gelingen,
im Sein - und nicht im Tun.
Möge dein Seelenlied klingen
und grünendes Wachsen nie ruh'n.

befrühlingter freudentaumel

gespinnbeinter blatterbsenzwerg
morgenbetaute rosenknospe
windgaukelnder gelbflatterling
im frühlingsbehauchten grüngartenzauber

grünstängelschießendes pflanzengerank
laubfingertrotzender pflaumenbaumzweig
rosablickende clematiselfe
in geißblattumrankter duftumnebelung

violettbeblütetes immergrün
freudenschaukelndes astgewippe
vogelschwere federpracht
vor blauunterlegter frühlingskulisse

zartbekätzter weidenmann
flaumbeblätterte fingerhutfrau
freudengetanzter tausendblattrausch
in hochbejubeltem lebenstaumel

Frühling

In meinem Herzen
hat der Frühling
Einzug gehalten.
Draußen liegt Schnee,
doch meine Seele blüht.

Schneekristalle als
Seelendiamanten
in tiefgrünem See.
Frohlockend naht
der Flügelschlag des Ibis.

Honeysuckle Rose
erblüht im dichten
Dornenwald.
Leuchtendes Orange
durchglüht den Seelengarten.

Frühlingswiegeschritt

Du sammelst dich und deine Gedankenblüten,
die in wunderbar farbenfrohem Kunterbunt
rund um dich her weit verstreut sind.
Ein Blumenmeer aus knospenden
Wortspielschößlingen.

Du ergießt dich in deinen
kristallklaren Märzenbecher
und schenkst der Welt dein schönstes Lächeln.
Im Sonnenlicht badend vertreibst du letzte
dunkle Flecken auf deinem Seelensee.

Schwäne gleiten grazil über ihn hinweg,
und die Sonne verjagt auch den letzten Fitzel
grauer Ödnis aus dem Finsterwald.
Keimendes Leben sprießt und klingt
aus allen moosgepolsterten Frühlingsnischen.

Aus jeder Vogelkehle, jeder Rinde, jedem Stein.
Die Seele swingt im Frühlingswiegeschritt
und lässt ihr goldenes Gewand erstrahlen.
Vertreibt die fahlen Winterfarben
und leuchtet der Welt mächtig heim.

Beim Seelenwandern erkennt jeder den andern
und grüßt mit federleichtem Lächeln.
Wir sind mit allem verwandt,
uns führt eine gemeinsame Hand
durch das weite Universum.

Drum lächle und sei leicht.
Denn das Leben hier gleicht
in der Tat einer Illusion.
Das wusstest du auch schon,
lange bevor das Wort erfunden wurde.

Nun erfinde dich neu und erfreu dich
an all den verwandten Seelen.
Lass uns schweben
zum Himmelsblau und leben!
Du weißt genau, wie das geht.

Es steht in deinem Lebensbuch.
Suche nicht, du hast es längst in dir.
Glaube mir,
frier nicht länger im Schatten.
Davon hatten wir alle mehr als genug.

Ergreife den Krug mit erfrischendem Wasser
und ergieße dich in deine Seelenvase.
Nichts ist wirklich. Wir schweben alle
in unserer eigenen Blase
durch das Weltendickicht

und singen unsre Lieder.
Ob Specht, Spatz, Habicht
ist dabei völlig egal.
Der Blickwinkel macht's.
Die Wahl ist ganz bei dir.

Lass den Gedankenschmalz.
Freude heißt das Salz in der Lebenssuppe.
Und jede schneebedeckte Kuppe
ist ein neuer Genuss im Fluss des Seins.
Steig hinauf und nimm in Kauf,

dass du den Gipfel atemlos erreichst.
Nichts ist schöner. Nur das Schaukeln
im Wipfel deines Lieblingsbaumes.
Dort zu Schlummern im friedlichen Atem
deines Traumes hat eine ebensolche Magie.

Es gibt viele Wege zu dir,
wie du siehst.
Hauptsache, du fliehst
nicht vor ihnen,
sondern erstürmst deine Gipfel

auf deine Weise.
Denn auch das lauteste Geschrei
wird l e i s e
in schwindelhoher Alleinigkeit
mit dir!

Explosion

Regen schwitzt das Schlechte aus
und pisst uns auf den Kopf.
Hättest du das gedacht?
Oder haben wir alle damit gerechnet?
Mutter Erde ist zum Kotzen.

Wolken vernebeln dir die Sicht.
und dir ist elend zumute.
Dein Kopf fährt Karussell.
Du wechselst die Perspektive.
Gar nicht so schlecht.

Kühler Wind lässt dich klar denken.
Langsam nimmst du Fahrt auf,
segelst dem Horizont entgegen
und lässt die törichten Gedanken zurück.
Vor dir öffnen sich neue Welten.

fröling

nu is dat weer sowiet
nu is dat weer de tied
van gröön un bunte blomen
un bunte frölingsdromen

door schaukelt jo een hummel
un dat met laut gebrummel
door singt mitmol de kuckuck
verdrievt de ole eisspuk

vöör de döör blots leven
ik bün heel sacht an't beben
an't flöten un an't singen
sei bloots de gode dingen

allns is met'n mool weer schöön
licht, warm, hont un lecker gröön
dat kole ligt nu achter mi
de fröling steit nu vis a vis!

Morgen

In schwarzen Farben malt die Nacht

Schatten an die Wand

und verbannt

das Licht.

Bis es sich endlich befreit

und den Zauber

im Morgen

errötend bricht.

Angst war schon immer

ein schlechter Berater,

der gern

falsch spricht.

Frühlingsreigen

Mit Feuer Licht weben.

Den Frühling begrüßen.

Entfacht wird das Leben

mit tanzenden Füßen.

Das Leben will sprießen.

Ein buntgrüner Drachen.

Und wir es begießen

mit helllichtem Lachen.

Ja!

Hinein in das tobende Lebensgewühl!
Hinein in den sprudelnden Quell
der Gefühle!
Tauchen im klaren See
der Seele!
Gehen durch das Labyrinth
der Traumgänge!
Liegen im Wind
der Erinnerungen!

Die Luft der Gegenwart atmen!

Atmen
und
leben!

Mondweiße Nacht

Wenn die Seele in mondweißer Nacht
auf den Grund ihres Sees hinabsinkt,
lautlos, schwerelos, sanft,
gleich einer riesigen weißen
Schwanenfeder.

Dorthin, wo das Lächeln der Fische
in der Tiefe des Blaus beginnt.
Dann herrscht Schwerelosigkeit,
ist es vollbracht.

Dann lacht
der Chor
der Meerjungfrauen
das grüne Lächeln der Freude.

mai-blues I

stiller abend, trompetenklänge
keine pflicht und keine zwänge
sich nur einfach treiben lassen
den moment im herz erfassen

es ist zwar bitterkalt für mai
und der ist auch schon bald vorbei
doch haben wir es lecker warm
wenn wir kuscheln - arm in arm

so machen wir das beste draus
und hängen tagelang im haus
es wird schon wieder besser werden
hoffnung stirbt zuletzt auf erden

mai-blues II

draußen ist es wieder grau
kalter wind statt frühlingsblau
es ist zudem auch viel zu nass
und vor dem haus, da schießt das gras

bald wird's mir aber echt zu bunt
zu wenig licht ist ungesund
zu wenig luft macht depressiv
jeden tag derselbe mief

da kann einem der hut hochgehn
will endlich wieder sonne sehn
und in meinem garten sitzen
bei blumenduft und mächtig schwitzen

so dacht ich mir das leben hier
doch dieser traum bleibt wohl papier
welches bekanntlich geduldig bleibt
auch wenn man noch so viel drauf schreibt!

Abendzauber

In des verzweigten
Abendnestes
warme Armbeuge
schlüpfe ich
weltflüchtend.

Nachttrunkene
Sternenglut.
Wipfelschaukelnd Stille.
Meine Seele wiegend
in mondeslächelnder
Dankbarkeit.

Sommerfrieden

In der Luft liegt

Sommerfrieden

wie in der Kinderzeit.

Bäume raunen Worte,

und Blumenduft beruhigt.

Freies, leichtes Schweben,

gleiten durch Raum und Zeit.

Nichts zählt mehr als der

Atem des Lebens

in diesem Moment.

Seelenbaumelei I

Im ruhenden Schatten kühlender
Bäume
spinnt die Seele ihre
Träume,

schaukelt im See der
Freudenzeit.
Milliarden Tropfen
Ewigkeit.

Es gibt so manchen Garten

Es gibt so manchen Blumengarten,
den sollte man nicht betreten,
weil dort nur Dornen warten
und Disteln in den Beeten.

Es gibt so manchen Rosengarten,
da sollte man nicht sein,
denn da kratzen einen die harten
Stachelgewächse am Bein.

Es gibt so manchen Bauerngarten,
da leuchten keine Farben,
nur Schwarzstängel, die in gepaarten
Duetten vor sich hin darben.

Doch im eignen Wundergarten,
da sind Düfte, und alles ist bunt.
Von hier kannst du ins Weltall starten,
hier ist alles gut und rund.

sommergartenglück

freudiges fruchtpflücken
erhebende sonnenflut
grünbeblätterte erdrübe
lebensspendendes erdengut

grünzielender gärtnerblick
fleißiges fingerzupfen
freudigwachsender pflanzenwirbel
schmatzendes raupenrupfen

grillenbezirptes spätsommerglück
hummelschwangeres blumengrüßen
lebensspendende menschenhand
klarbeblautes gartenland

Wenn die Blumen tanzen

Wenn die Blumen tanzen,
dann steht der Wald Spalier.
Wenn die Blumen tanzen,
dann hebt jeder Pilz den Schirm
ein wenig höher, und neugierig
blinzelt ein Ohrenkneifer hervor.

Wenn die Blumen tanzen,
dann wird geflüstert im Gras.
Wenn die Blumen tanzen,
dann hüpfen die Mäuschen dazu
im wilden Springseilduett
und werden es nicht müde.

Wenn die Blumen tanzen,
dann liegt Milde in der Luft.
Wenn die Blumen tanzen,
dann tanzt die Liebe mit,
um den Lebenstanz zu eröffnen
für jedes lebende Wesen.

Chlorophyll

Du bringst mein Chlorophyll zum Blühen,
lässt meine Blüten Funken sprühen.
Du lässt meine Blätter sprießen
und mich in mich selbst ergießen.

Du wirfst mich mir selbst entgegen,
bist mein warmer Sommerregen.
Du erweckst meine Dämonen,
und sie werden mich nicht schonen!

Du fängst mich im Dauerlauf,
sogar in andren Leben auf.
Du bereitest mir mein Sein
und fügst mich einfach in Dich ein.

Du bist stets an meiner Seite,
selbst, wenn ich Dir Schmerz bereite.
Du fliegst mit mir durchs Himmelszelt
und umarmst mit mir die Welt.

fafásila

sedàmdifa

madánidu

fafáfidu

melàsifa

lewéfada

daduzidam

madánidu

fafásila

dámdadidám.

Sommerhitze

Flimmernder Schimmer
alles verschmilzt
zur Unendlichkeit

fließende Landschaft
heiße Luft
flammende Weite

die Zeit steht still
und der Mensch
zerfließt

Der Alltag ist
seines Alltäglichen
enthoben

Vierblattklee

Sommersonnenblau und Wind

ein Tag wie aus dem Märchenland

ein Vierblattklee in meiner Hand

Freude wie ein Kind

Hymne an den Juni

Es ist der Juni der mich reizt,
wenn er die Rosenblätter spreizt.
Es ist der Juni, den ich mag.
Nach Rosen duftet jeder Tag.

Es ist der Fülle Junigrün,
für das die Rosen dankbar blüh'n.
Es ist der Freude pralles Blau,
rosig noch im Morgentau.

Es sind der Sonne feine Weben,
die golden durch die Lüfte schweben.
Es ist des Lebens reiner Blick,
den ich seh' im Juniglück.

Sonntagsfließen

Im trägen Sonntagsfluss gelassen
dahin strömen,
ganz dem Rauschen der Bäume ergeben.
Himmelsblau pulsiert durch die Adern
und erfrischt die Lebensgeister.
Begeisterung ob des Seins.
Intensiv das Leben spüren.

Sanft streicht der Wind über die Seiten
des Lebensbuches
und blättert verspielt darin umher.
Leise erklingen dazu die Saiten der Seelenlaute.
Die alte Weise von Werden, Sein und
Vergehen.

Klebe diesen wunderbaren Moment
mit dickem Freudenkleber in dein Buch,
lächle und sei.

Juni-Julijubelei

Musikerfüllte Juninacht
Klingendes Blumenduo
Rosenweißes Jazzquartett
Rhythmusschwangeres Schwelgen

Eingetauchter Notenschmaus
In störungsfreier Soße
Ausgehauchter Siegesschrei
In flaggenflügger Luft

Torkelnd taumelnder Junischwips
Nach durchgebangten Stunden
Durchgeglühte Asphaltdecke
Unter hoffnungsfrohem Tritt

Heimwärts eilendes Jubelgespann
Vorbeigeschlüpft an Heckenschatten
Wachgeschüttelte Samstagslaune
An julifrühem Morgen

Rosenzeiten

Ich bin bereit.

Es ist Zeit

aufzubrechen.

Rosen stechen

nur die Zaghaften.

Mutig bin ich,

bereit mich

von Rosen

umtosen

zu lassen.

Die blaue Blume

Die blaue Blume ist das Meer.
Dort geh ich hin, da komm ich her.
Dort liegt der Urgrund meiner Seele.
Es ist der Weg, den ich erwähle
auf der Erde, an der Luft.

Hier nur kann ich atmen
der blauen Blume Duft.
Hier kann Wind ihn zu mir tragen
als Antwort auf die vielen Fragen.
Nur hier unten kann ich sehn

wie sich dort oben Sterne dreh'n.
Und wie sich das Himmelsblau
bricht im zarten Morgentau
auf der blauen Blume,
die sich tapfer aufrecht hält
in trockner Ackerkrume.

Denn ihre Wurzeln dringen tief
in Mutters Schoß hinein.
Sie trägt den Lebenshauch,
mit dem sie uns ins Leben rief
aus ihrem roten Erdenbauch

in das blaue Erdensein.
Hier soll'n wir werden und vergeh'n,
wachsen, klettern, reifen,
bis wir lächelnd mit dem Wind
dem Meeresblau entgegen weh'n.

Rave on (to Van Morrison)

rave on
river of life
rave on
strive
towards landscapes
of green
soulswing
sing
the song
of joy.

P.S.:
dweller on a threshold
find rivers of gold
in yourself

Dich treiben lassen...

an warmen Barfußtagen,
ohne Sorgen, keine Fragen.
In Warmluftfreuden
endlos Blütenduft vergeuden.

Schwereloses Sommertreiben
mit dicken Honigkuchenscheiben
und Hängemattenbaumeln
in bunten Freudentaumeln.

Nicht mehr halten, einfach lassen
und Seelenglück erfassen.
Am Leben dich berauschen
und deinem Herzen lauschen.

Machst du diese Träume wahr,
bist endlich du, so ganz und gar?
Bereit, dir zu vertrauen
und das Neue aufzubauen?

Altes abzustreifen
und vertrauensvoll zu reifen?
Ja? Dann bist du wohl bereit
für tausend Tropfen Honigzeit.

Azaleenduft (Die Erkenntnis)

Durch die sanftmilde Abendluft
schwebt lilaschwerer Fliederduft.
Unvermittelt ein Kindheitsbild.
Wie ich als Kind so froh und wild

durch den wilden Garten streifte.
Alles grünte, blühte, reifte.
Unbefangene Kinderwelt,
die sich in meinem Innern hält.

Ein Duft wiegt mehr als all die andern,
und meine Gedanken wandern
zurück zu den frohen Tagen
ohne quälend graue Fragen.

Wo nur das Kinderstaunen zählt
und kaum ein Muss die Seele quält.
Dort stehe ich im Blütenmeer.
Es ist so bunt und duftet schwer

nach orangegelben Azaleen.
Die Düfte ihrer Blüten wehn
durchdringend mit dem lauen Wind,
und glücklich riecht das stille Kind

an jedem bunten Blütenkelch.
Denke ich an diese Zeit, welch
Wohlgefühl will mich erfassen.
Alle meine Sorgen lassen

mich dann mit einem Male frei.
Es ist tatsächlich so als sei
ich durch den Blütenduft befreit
und atmete mich friedlich weit.

Das Glück froher Kinderstunden
verschmolz in frühlingslauer Luft
mit mildem Azaleenduft,
hat mich nun erneut gefunden,

gipfelt in blumiger Süße.
Dieser Duft bringt Kindheitsgrüße,
und mir den wildfrohen Frieden.
Dem Azaleenduft sei Dank!

Schweigendschönes Stelldichein

Hitze schwitzt sich selber aus.
Seele ist bei sich Zuhaus.
Himmel kommt sich selbst entgegen.
Blumenbunt an stillen Wegen.

Wörter schweigen vor sich hin.
Verbeugung vor dem tiefen Sinn.
Körper hört in sich hinein.
Schweigendschönes Stelldichein.

Sommerbuntes Seelehupfen.
Und dabei ein Schlupfloch lupfen.
Fröhlichfreies Sommersein.
Ich mit mir und ganz allein!

Spätsommerfaulheitsrhapsodie

Feiner, milder Sommerregen.
Sanft gesäuselte Melodie.
Keine Lust mich zu bewegen.
Spätsommerfaulheitsrhapsodie.

Träges Tröpfeln aus den Bäumen.
Seele einfach baumeln lassen.
Regenleichtes Sommerträumen
unter schweren, sommernassen

leuchtend frohen Blumenchören.
Schwereloses Sommerschweben
zwischen Düften, die betören.
Gaukelnd leichtes Leben weben.

Sommerschaukel

Denken, träumen, schaukeln,
im Meer der Sinne gaukeln.
Mit dem Leben spielen,
und aus Tausenden die vielen
schönen Dinge tun
- z.B. ruh'n.

Und Sommerwind genießen,
mit Licht das Selbst begießen.
Offen in das tiefe Blaue
schauen, um genaue
Antworten zu umsegeln,
und entgegen aller Regeln
sich dem Selbst ergeben
- und leben.

Calendula

himmelwärts strebende

Blütensonne

tausendfach gestrahlt

erdenglühendes Orange

Abbild des Lebens

Rosenregen und Lindenduft

Rosen regnen in Blütenschauern
vom blauen Himmel in die grüne Seele.

Bienenschwärme umkreisen in leisem Fluge
die bunten Kelche der prallen Blüten.

Duftwolken schweben mild von
herzblättrigen Linden in die abendstille Luft.

Die alte Weide

In der wolkendunklen Nacht
hat uns
der Weidenmann bewacht.

Dicht an seinen Stamm geschmiegt
hat er uns
in den Schlaf gewiegt.

In seinen weisen Rindenfalten
hat er uns
lächelnd warm gehalten.

Tief im Blättergrün versteckt
hat er uns
morgens sanft geweckt.

Liebe Weide, sei gedankt,
du hast uns
wieder aufgetankt!

Sommernachtstraum

Hörtest Du
diese Nacht?
Still lagen Hütte und Wald
als wir dieses kleine Paradies betraten.
Unsichtbare Energie zog uns hinein,
behütete uns.
Wir schlüpften durchs Tor ins Nichts.
Regen hing in der Luft,
umhüllte uns weich.

Fühltest Du
diese Nacht,
die uns zur Liebe rief?
Schimmernde Umarmung.
Wildes Verlangen.
Laut und innig.
Glühender Moment des Seins.

Sahst Du
diese Nacht?
Die Baumgeister wachten lächelnd
im Gras.
Kleine Wolkenkinder tanzten barfuss
über der Welt
in atemberaubender Geschwindigkeit.
Unsere nackten Körper in
unsichtbarem Licht.

Rochst Du
diese Nacht?
Wohlgeruch des Seins.
Meine Nase an Deiner
unfassbar weichen
Haut.
Wilde Geborgenheit
in versunkener Natur.

Schmecktest Du
diese Nacht?
Leise beginnender Regen
auf Deinem schlanken Körper.
Zärtliche Erinnerung
an eine innige
Umarmung in
liebkosender Natur.
Sommernachtstraum.

WeltenWaldMeer

Wo Wald und Meer sich still begegnen
und Wasser über Moospolster rinnt.
Wo Blumen bunt vom Himmel regnen
und das Herz froh zu blühen beginnt.

Dort liegt wilder Zauber verborgen,
tief zwischen den Wurzeln und Bäumen.
Dort ist kein Wollen und kein Sorgen,
nur die Landschaft, gewebt aus Träumen.

Wo Feen tanzen im Sternenlicht
und die Steine sich sanft berühren.
Wo Liebe jeden Zeitenbann bricht,
ja, dorthin möchte ich Dich führen!

Seelenwald

Wandernd durch den Seelenwald
mit vielen trüben Fragen
empfindest du das Außen kalt,
hast schwer am Grau zu tragen.

Das Pflanzenstrahlen wärmt dich auf
und auch die vielen Stimmen
des Flusses träger Plätscherlauf,
in dem die Blätter schwimmen.

Jedes ist ein Lebenszelt,
aus Seelengrün gewebt.
Von reinem Liebeslicht erhellt,
auf dem das Rad des Lebens schwebt.

Langsam fließt dein Fluss dahin,
unendlich sanft und klar.
Der Ort von Anfang, Seelensinn,
wo alles ist und immer war.

Bilder tauchen langsam auf
aus deinem Seelengrund.
Du staunst, liest, dankst, stehst auf
und fühlst dich ganz, vollkommen rund.

Ich will doch nur

Ich will doch nur
meine dichtende Seele
an eine Birke schmiegen
mich wiegen
im Geäst ihrer Zuversicht

Ich will doch nur
dem Rauschen
ihrer Blätter lauschen
und unter ihrer
grünen Laubdachdecke liegen

Ich will doch nur
eins werden mit ihr
und ihrer Wurzelkraft
denn erschlafft
ist momentan die meine

Ich will doch nur
zurück zu mir
und werfe mich in deine
verästelte Blättergeborgenheit
und weiß, dass selbst die Zeit
nicht alle Wunden heilt

Der Garten

Ich trage

den Garten

der Welt

in mir

und wachse

ihm entgegen.

Erwachen

Es geht ein ahnungsvoller Wind
durch alle Gräser auf dem Dach.
Er weckt in dir das weise Kind.
Der Geist, die Sinne sind hellwach.

Veränderung liegt in der Luft,
in Birkenweiß und Blättergrün.
Nordisch gefärbter Sommerduft
Lebendigkeit, so frei und kühn.

Hebt in das Leben, was schon war,
versteckt und doch schon lang erahnt.
Das Bild nicht scharf, die Sicht nicht klar,
hat es sich seinen Weg gebahnt.

Die Treppe führt zum Turm empor
Warst du nicht schon an diesem Ort?
Bekannt kommt dir so Vieles vor.
Fragst Dich: Warum war ich so lange fort?

Betrittst nun still den schönen Raum
in lauer Luft und Abendlicht.
Und dort siehst du, du glaubst es kaum -
ein kleines Kind, siehst dein Gesicht!

„Warum warst Du so lange fort?"
Umarmung, Lachen voller Glück.
„Ich war an jedem Weltenort
und kehre nun zu dir zurück."

Du bist heut zu dir heimgekehrt.
Vereintest dich nach langer Zeit.
Lang hast du dir dein Kind verwehrt,
doch jetzt bist du dazu bereit!

Das Blütenblatt

In milchig-weißer Freude
schwebt das blaue Blütenblatt

durch den Funkensog
des neuen Morgens.

Schimmerndes Abbild
der Blütenseele.

Heimatstrand

Du hast deinen Strand erreicht,
von grünem Meer umspült.
Die Seele schwebt so rosig leicht
dahin und nichts mehr fühlt

sich dunkel an, schwer oder kalt.
Du bist nun am Heimatstrand,
jetzt, nicht morgen oder bald,
und Zeit zerrinnt zu weißem Sand.

Du entsteigst den sanften Fluten
und atmest dich in neuer Zeit.
Es öffnen sich die lichten, guten
Flügeltore der Ewigkeit.

Wenn wir in uns gelandet sind,
fließt goldne Energie.
Wir werden wieder Sternenkind
und glücklich wie noch nie.

Im Seelenmeer

Im Seelenmeer.

Türkis.

Luftblasen

sprudelnden Lebens.

Die Luft atmet das Wasser.

Rote Haare im Wellengang.

Wiege mich,

du Meer des Lebens.

Ergeben atme ich Dich.

Sommerkind

Sommerkind.
Wogendes Meer
im Sommerwind.

Morgentau.
Strahlendes Licht
im Morgenblau.

Lebensbaum.
Beglückendes Ich
im Lebensraum.

Das große Ausatmen

Das Leben wird nun langsam wieder
zu einem großen Ausatmen.
Und lässt die Kneifzangen weg.
Schraubstock und Maßband,
Vorschlaghammer und Gummimanschetten
wandern zurück in die Werkzeugkiste,
werden verschlossen und warten auf einen
nächsten Einsatz am Sankt Nimmerleinstag.

Deine Uhr geht nun wieder nach dem Mond,
deine Stimme wandert in die Flüstertüte,
und der Lernzirkel wird zum Circle Game.
Lebensspiralen winden sich
wie schwarzäugige Susannen
um deinen Körper, duften nach Heu,
Jasmin und Unendlichkeit.

Lilafarbene Blütentrauben des Jacaranda
durchweben dein Haar,
und durch die Adern fließt reines Quellwasser.
Leise wiegt dich die Lebensschaukel
in ihrem Arm.
Behutsam, sanft und zärtlich.
Der Nachklang des Kusses der Sternenfee
auf deiner Stirn lässt dich friedlich lächeln.

Du dehnst dich aus -

weit - weit - w e i t e r
bis an die Grenzen des Nirgendwo
und durchschreitest dort die Tür
zu deinem blauen Tempel.
Wieder Zuhause.
Bei dir.

Honigsonne

blätterfang im reigen des seins
seelenschlupfloch gefunden
- hindurchgeschlüpft

wen haben wir denn da?
blaugetupfter hupferding
freut sich auf den neuen tanz

sommermorgenduft
lockt mit tropfenklang
und honigsonne

gestreckter flug
im funkensog
des spiralnebels

Vom Nil und Anderswo

Leise raschelt das Schilf
an den Ufern des großen Flusses.
Das ferne Gebirge erglüht
in milder Abendsonne,
bis der Himmel verstummt.

Die Nacht schmeckt schwarz,
und im endlosen Dünenmeer
wacht die Sehnsucht
über den Schlaf
der Suchenden.

Leise raschelt das Schilf...

Longing for Belonging

Den Beschleunigungsmotor
entschleunigen,
und den Rotor
einfach ausstellen.
Sinnesschmelzen.
Sich eintakten
in den Wiegeschritt
des Lebens.

Barfuß,
Eis schleckend
die Straße entlang schlendern,
und das tiefe Himmelblau
einsaugen.
Schaukelnde Rosen im
nordischen Sommerwind.
Die Küste ist nah.

Spätsommersonne (wechselnde Jahre)

Warm durchglühte Tage.
Apfelreifes Schwelgen.
Die Kreuzspinne vor
dem Badezimmerfenster
wird dicker und dicker.
Fette Beute ist der Grund.
Kugelrund hängt sie
in ihrem perfekten Netz.

Unterdessen radeln Freunde
ihrer Freiheit entgegen
auf sonnendurchfluteter Urlaubsinsel.
Mittelmeerträume.
In türkis durchglühter Unendlichkeit
weiten sich alle Räume.
Flaschengrünes Meer
und Rotweinpralle Abende.

In mir glüht der Spätsommer.
Wechsel steht bevor.
Reifende Äpfel bedeuten
Abschied UND Ernte.
So pflücke ich mich
vom Baum des Tuns
und verpflanze mich
in den Garten.

Lächelnder Frieden

I

Sturzbäche des Unverstehens
rauschen durch deinen Kopf.

Hohe Gefühlswogen
durchfluten dein Herz.

Deine Gefühle
stehen Kopf,
schlagen Kapriolen,
sind durch den Wind.

Eine frische Brise
täte jetzt gut.
Helles Sonnenlicht
wäre erheiternd.
Sanftes Wellenrauschen
könnte beruhigen.

II

Mit deinem Gedankenschlüssel
öffnest du die Flügel
deiner Seelenfenster
und lehnst dich weit hinaus.

Atmest klare Luft.
Schmeckst weiches Salz.
Spürst milde Sonnenstrahlen.
Hörst seichtes Meereswogen.

III

Wind, Licht und Wasser
durchströmen, durchfluten, durchspülen
dein Sein.
Reinigen dich.
Klären das Ich,
bis sich
nur noch blaues Licht
aus dem Kern
ins Allsein ergießt
und alles durchfließt
in lächelndem Frieden.

Timeless

I am timeless.
Absorbed by a landscape
like a deep green ocean
of sun, peace and happiness.

I am timeless.
Floating in the waters
of Barramundi Gorge.
Bubbling life and laughter.

The ocean of life
begins here.
The best state of being
- timeless!

blumenfroh

wächst dir entgegen
und lebst dein
blumenfrohes Leben
auch in
Wolkengrau und Sonnenferne
blüht dein Seelengarten
in den leuchtendsten Farben.

Fröhlich plätschert
deine Quelle,
und dein Seelensee
ist tief und klar.
In deinem Hain
ruhst du im kühlenden Schatten
kühner Bäume
und träumst dich
ins Leben.

Du wächst dir entgegen.
Stück für Stück.
Welch ein Glück!

Nordisches Sommerfeeling

Nordisches Sommerfeeling.
Wohlfühlpeeling für die Seele.
Sternencreme und Glücksextrakt,
Geistestee und Herzsmaragd.

Freudensalbe, Lachshampoo,
Frischluftkur kommt noch dazu.
Traumbalsam und Mutdragee,
Liebessaft und Dankestee.

Diese tollen Wundersachen
Lassen jeden wieder lachen ☺

Auch bittere Tropfen für Dämonen,
die in deinen Höhlen wohnen,
damit sie ins Licht entweichen.

Und aus den Zombies, alten Leichen
werden zauberhafte Lichtgestalten,
dir zu dienen, dich zu halten

im Lebensnetz aus Lichtsternbahnen,
um dich sanft zu deinen Ahnen,
vom Morgen in das Jetzt zu führen,
um dich endlich ganz zu spüren.

Alles ist perfekt verwoben,
innen wie außen, unten wie oben.
Wir sind alles und das Nichts,
und aus der Seelentiefe spricht's:

„Lass das Halten, lös' dich auf,
und lass dem Leben seinen Lauf.
Fließe, fliege, sei im Sinn,
und gib dich deiner Seele hin.

Sie führt dich zurück nach Haus,
sieht es auch nicht danach aus.
Sie macht niemals einen Fehler,
durchwandert klaglos tiefste Täler,

um dann im Seelensonnenschein
ganz einfach nur bei dir zu sein.
Freue dich auf deine Reise,
nimm behutsam, zart und leise
deine Zauberwanderschuh,

zieh sie an und bind sie zu.
Nimm den Stab, den Mut, die Kraft,
und dann geh auf Wanderschaft.
Sieh den hellen Pfad sich winden,
auf seiner Fährte wird sich finden,

was du bist, zu dir gehört.
Und was vergiftet, alt und stört.
Sammle, sortiere und wandre.
Sei der Fluss, mäandre
lächelnd durch die Lebenswelt.

Träume unterm Sternenzelt
und erwache an der Quelle.
An eben dieser Stelle,
aus der du gekommen bist.

Regenfrau

eben tanzte sie
in voller regenkluft
barfuss durch den regen

so ausgelassen
mit glückskugel im bauch
wie eine kleine regenfee

hihi, diese freude
hihi, dieses kribbeln

strömender regen
strömende freude

Meer

Gischtsprühende Woge der Freiheit.
Duftender Atem der Weite.
Ich trage dich tief in mir.

Barfuss,
die Arme weit,

laufe ich deinen Saum entlang,
küsse deine Füße.
Heilende Schwester.

Frangipani

Du fühlst es in allen Zellen,
die Wellen
werden lebhafter und vibrieren,
verzieren
den Horizont.

Es kribbelt und rührt sich,
es weckt und berührt dich
der Kuss der Meerjungfrau,
du weißt genau,
es ist Zeit aufzustehn,

zum Licht zu gehen.
Im Mangobaum
schläft ein Traum
von dir.

Pudrigweißer Sand
rinnt durch deine Hand,
und deine Sinne lauschen
dem Meeresrauschen.

Dein Freund, der Walhai,
kommt vorbei.
Ahnungsvoll die Luft,
Frangipani-Duft.

Liebes, es wird Zeit.
Schnür dein Bündel,
sei bereit
für die Reise
Richtung Ewigkeit.

Keine Antworten.
Durchschreite die Pforten
deines Lebenshauses ins Freie
und empfange die Weihe
im Lebenswald.

Sie warten auf dich,
übrigens, auch ich.
Hier an der Quelle ist dein Zuhaus.
Ruh dich aus

auf dem Feenmoos
und lass los,
werde groß und atme tief.
Hierher rief

dich deine Seele,
niemand sonst.
So ging es allen hier,
tauschten Angst gegen Licht
und folgten ihr.
- und ruhe,
denn eine Pause ist der Futtertrog,
aus dem die Seele Hafer frisst.

Hier sind Ende und das Ziel.
Weder gar nichts noch ganz viel.
Hier dreht sich das Rad von vorn
und entspringt dem Samenkorn
erneut ein frisches Zauberleben.

In jeder Sekunde, jedem Moment,
wo dein Lebensfeuer brennt,
ist der rechte Augenblick
für den kleinen Zaubertrick.

Es braucht nur einen kleinen Funken,
um zu brennen, zu verglühen.
Tausend feine Funken sprühen
in das Lebensall, vergehen.

Und aus der grauen, kalten Asche
wird dein Phönix auferstehen.

Also glühe, sprühe, fließe,
wachse, keime, sprieße.
Lass dich froh ins Weltall treiben,
und wenn du willst,
kannst du auch bleiben.

Nenn es Quelle, Phönix, Sein.
Die Antwort weißt nur du allein.
Darin liegt der ganze Sinn.
Gib dich deiner Seele hin!

Scheinsommer

Ein langer Scheinsommer
gleitet langsam dahin.
Zu still, denn Lebensfreude
hat Töne.

Warme Spätsommersonne.
Wicken verströmen
einen betörenden Duft
nach Sommersehnsucht,
tragen schon die Farben
des Herbstes.

Die Natur leidet
an Geräuscharmut.
Die Stille wird zur Last.
Sommer stirbt zu früh,
hinterlässt eine Spur
der Wehmut.

Der Sommer war nur
ein kurzes Aufbäumen.
Ein wilder Schrei nach Leben
mit fadem Nachgeschmack.

Spätsommerstille

Heute begannen sie:
Diese stillen Tage.
Voller Licht und innehalten.
Voller Staunen und Demut.
Die Natur atmet den
ersten Hauch des Herbstes.

Spätsommerstille.
Im Wind wiegt sich noch der Sommer
und im Licht noch seine Wärme.

Spätsommerlicht
zwischen Rotkelchen und
schwarzäugiger Susanne.
Schubkarrenstillleben.

Spätsommerstille.

Sommerblues

Sommer ging so jäh vorbei,
wie ein Hauch von warmem Glück.
Wieder Alltagseinerlei,
traurig bleiben wir zurück.

Schauen still zum Wolkenmeer,
wünschen uns weit fort von hier.
Käme doch der Südwind her,
stünde für den Herbst Spalier.

Gäbe uns ein bisschen Zeit
den Sommer fortzuschicken.
Langsam nur sind wir bereit
dem Herbst ein Nest zu stricken.

Meine Seele, die ist warm,
luftig auch und bunt und licht.
Hält mein Herz in ihrem Arm,
selbst der Winter stört sie nicht.

In uns allen wohnen Licht,
Schmetterlinge, Blumenduft.
Wenn der Herbst den Sommer bricht,
umhülle dich mit Seelenluft.

Gedankenleer

Die Gedanken werden leise.
Dein Blick schweift gedankenleer
über das Meer.
Bist weit weg
von Lärm und Dreck.

Bist bei dir,
im Hier und Jetzt.

Nichts und niemand hetzt,
und mit jedem Regenschleier
wird deine Seele frei und freier.
Schwebt sich selbst entgegen
im silberleichten Tropenregen.

Alles ist so still

Wo ist der Klang der Rasseln,
das Zirpen der Zikaden,
das Rauschen der KokosPalmen
und des Meeres im Duett
- KokosMeerRasselPalmenDuett?

Möchte im WiegeSchritt
der Musik wegfliegen,
eintauchen und vergehen
im TropenHauch Havannas
TropenSchrittHavannaWiegeHauch

Möchte meinen Airlounger mit Meeresluft
zu einem schillernden Ballon aufblähen
und mich in die Lüfte erheben,
einfach erheben
über mein Selbst, mich, die Welt.

Ein letzter Tropfen Grün

Ich sauge die Landschaft
in großen Schlücken in mich auf
und schlürfe
das sanfte Goldbraun
des werdenden Herbstes
aus der Luft.

Mich dürstet nach Leben.

Ich trinke mich satt
an diesem ewigen Reigen
und berausche mich
an seiner Schönheit.

Satt und zufrieden
sinke ich zurück,
einen Tropfen Grün
auf meinen Lippen.

Sommersterben

Fünf Monate im Jahr singen die Vögel,
sieben Monate schweigen sie still.
Ein langes, banges Schweigen,
dass mich ergreifen will.

Jedes Sommersterben
ist wie ein kleiner Tod.
Leichenbleiche Farben,
angsterfülltes Rot.

Herbstbraun gefärbte Stille,
die Sonne ist umnebelt.
Wie ein gebrochner Wille,
doch aus den Sommerscherben

erwacht nach langem Darben
mit grüner Hoffnungswonne
das blaue Frühlingswerben,
ein neuer Jahresreigen.

Sommer ging so jäh vorbei

Die Stimme vom Nachbarskind
dringt in den kalten Raum.
Mitgebracht vom frischen Wind,
erst hörte ich sie kaum.

Ganz zaghaft kam sie angeweht,
von Böen jäh zerrissen.
Nun ist's, als ob es bei mir steht,
mich wärmt mit gelben Kissen.

Der Sommer ging so jäh vorbei,
der Wind hat ihn vertrieben.
Statt Sonne Alltagseinerlei,
doch Kinderlachen ist geblieben.

Monotonie

Monotoner Regen
vertrieb das Sonnenkind.
Und auf nassen Wegen
spielt nur der kalte Wind.

Gelb ist fortgezogen.
Grau blieben wir zurück.
Wär' gern mitgeflogen
ins Land voll Sonnenglück.

Tosende Meeresflut

Tosende
Meeresflut
erweckt
die
Glut
des
Schweigens.

Erfrischendes
Sein
erglüht
im
Schein
des
Gleichklangs.

regenschwer

regenschwer

lassen Blumen

rings umher

ihre Köpfchen hängen

gedankenschwer

stützt sich dein Kopf

am grauen Meer

in beide Hände

Das Ganze ist die Leere

"Wohin nur mit all diesem Wundervollen? Wo bleibt es?" fragt die kleine Fee die große Fee unter Tränen.

"Es ist alles da und wird immer da sein - sicher und unvergänglich, denn die Liebe ist ewig, heil und unzerstörbar" sagt die große Fee zur kleinen Fee und macht eine ausladende Handbewegung in Richtung des grillendurchzirpten Sommernachtswaldes. Die kleine Fee folgt der Bewegung mit ihrem Blick, und plötzlich sieht sie überall Dutzende von Glühwürmchen als blinkende Pünktchen umherfliegen, verglühen und an anderer Stelle erneut aufleuchten, um dann abermals in der lauen Sommernachtsluft zu erlöschen...

Dann zeigt die große Fee zum Himmel. Die kleine Fee folgt ihrem Blick und schaut einen atemberaubenden Sternenhimmel - die Milchstraße... Und plötzlich zieht vor ihren staunenden Augen eine große Sternschnuppe ihre leuchtende Bahn über den Nachthimmel, um kurz darauf wieder zu verglühen.

„_Alles ist eins"_ sagt die große Fee. _Das Eine ist alles. Und alles ist nichts. Und das Nichts ist das Ganze. Und das Ganze ist die Leere"_ (zitiert aus einem meiner Gedichte...).

Und leise kommt der Herbst

Und leise kommt der Herbst
mit seinen Blättern angeflogen.
Und was bis jetzt
noch unfertig war,
kann jetzt in Stille reifen.

Und leise werden alle Dinge
miteinander verwoben.
Und was bis jetzt
noch uneben war,
kann jetzt die Ruhe schleifen.

Und langsam wirst auch du
dir selbst entgegen gehoben.
Und was in dir
noch unklar war,
das wirst du bald begreifen.

herbstschwere

getrübtes himmelsblau
verzagter grillensang
fader gedankenstau
melancholie im gang

von herbst beschwerte beine
in fett getauchtes herz
schwarz getünchte steine
in grau getauchter schmerz

sommerleichtgegaukel
komm zu uns zurück
schubs die lebensschaukel
ins blumenfriedensglück

Fallendes Laub

Fallendes Laub
Fallendes Licht
Wenn sich der Morgen
Im Raureif bricht

Beginnende Kälte
Beginnendes Schweigen
Bewegung und Ruhe
Ewiger Reigen

Ruhende Erde
Ruhendes Leben
Bis sich im Frühling
Die Kräfte erheben

Hagebuttenherbst

leuchtender farbenhauch

reife blätter rieseln

wieschnee

herbstzeitlose

letzte rose

imwind

•

apfel-birne

apfel-birne

vom gestirne

aus dem hirne

in den bauch

Herbstzeitlese

Das bleiche Licht des Herbstes
gibt der Gewissheit Kraft:
Entfaltung hat ein Ende.
Der Sommer ist geschafft.

Saftapfelrotes Reifen.
Spinnwebenglanz im Licht.
Obstpflückendes Begreifen.
Der Sommer schweigt und bricht.

Die Herbstesfülle leuchtet
aus jedem gelben Blatt.
Ich atme mich an Düften
zufrieden, froh und satt.

In allem liegt ein Strahlen
von Sattheit, reifem Glück.
Und gibt uns die Gewissheit:
Der Sommer kehrt zurück!

Stelldichein

Herbstbelaubtes Seelensein

Im sonnengleichen Kerzenschein

Hingestrecktes Stelldichein

Bei mir, mit mir, ganz allein

Herbstzeitlose

Mitten im Herbst
bist Du eine Herbstzeitlose.
Ich liebkose
Deine Blütenwangen
und lass' mich fangen
von Deinem zarten Sein.

Mitten in mein Herz
ergießt Du Dich,
und ich erfreue mich
an Deiner Blütenwärme,
umschwärme
Dich wie Motten das Licht.

Mitten im Himmel
erstrahlt Dein Licht
und bricht
der Schatten lange Pfeile.
Ich eile,
es zu fangen und zu hüten.

Mitten im Herbst
bist Du eine Herbstzeitlose.
Ich liebkose
Deine Blütenwangen
und lass' mich fangen
von Deinem zarten Sein.

Herbstritt

Weite, von gelb-braun-orange-roten
Laubflecken
durchkleckste Landschaft.

Ich rausche durch dieses wunderbare
Aquarell aus
klarem Himmelsblau.

Meine grüne Seele atmet
die Luft tief
in ihre Seelenflügel.

Vor Lust geblähte Nüstern
bringen das braune Fell
zum Glänzen.

Vollmond

Ein Hauch Vollmond
umweht den
wehrlosen Körper.

Ergreift die Seele
und zwingt den Geist
zur Notlandung.

Eine Träne,
silbern wie
der Mond,
befeuchtet
lächelnd
die Nacht.

Novembermorgen

Alles ist ruhig,
tiefes Schweigen.
Nur weißer Nebel
zieht durch die Luft,
und wie ein feiner Schleier
liegt Raureif auf den
kahlen Zweigen.

Die lastende Stille
des nahenden Winters
liegt über dem Land,
und bald wird sie sich
mit dem ersten Schnee
auf die frostkalte Erde senken,

und sie mit eisigen Fingern
fest umklammern,
bis erste Sonnenstrahlen das Land
aus seiner Erstarrung erlösen.

Novembernacht

Wie hoch und eisig
der Mond am Himmel steht.
Die Luft ist starr.
Kein Wind raschelt im trockenen Laub.
Die Erde schweigt.

Nur ich fahre einsam durch die Nacht.
Ziehe helle Lichtbahnen
durch den wallenden Nebel.
Im fahlen Mondlicht
tanzt mein Schatten
dunkel vor mir her.

Nichts ist zu hören
als das Surren des Dynamos
und der Fahrtwind
in meinen Ohren.

Am Tag liegt die Welt
noch im goldgelben Schein
der Herbstsonne,
doch in der Nacht scheint sie
des nahenden Winters zu harren.

Herbstzeitlose II

Ich kauf mir ein Herbstzeitlos,
dann bin ich vielleicht die Herbstzeit los.

Oder kauf ich mir ein Mutlos?
Nee, dann bin ich ja meinen Mut los ...

Auch kein Wortlos,
denn dann wäre ich ja mein Wort los.

Und schon gar kein Brotlos
- ... sie ahnen es schon.

Aber vielleicht ein Problemlos?
Ja, genau ... gebongt!

trauriges zwickelzupfen

trauriges zwickelzupfen
geneigtes herbsthirn
aufgeklapptes erdenschweigen
zugewandtes allgestirn

holpriges herzgeklapper
schwelender gedankenschweif
einseitig gerichtete armstreckung
vielgefalteter haarraureif

ausgelaugtes körpersaften
vorwärts strebender menschentaumel
grubengrabendes spatenheben
verstrickt geklebtes lebensgebaumel

Herbstkniefall

Mit einem Herbstkniefall
verneigen sich die Blätter
vor Frühling und Sommer,
die sie munter sprießen
und freudig wachsen ließen.

Mit einem Herbstkniefall
ehren sie ihre Eltern,
Mutter Erde und Vater Baum,
die ihnen Nahrung und Zuhause gaben,
und sie beschützt, erzogen haben.

Mit einem Herbstkniefall
begrüßen sie den Winter,
der ihren Eltern Ruhe schenkt.
Denn die Erneuerung braucht Kraft,
die sie durch Einkehr sich verschafft.

Mit einem Herbstkniefall
verneige auch ich mich
vor Mutter Erde und allen Elementen.
Denn auch bei mir kehrt Ruhe ein,
mit Innenschau im Seelenschein.

meerweise

das ufer wird

vom meer

für seine

feigheit

geschlagen,

und

während du,

dem meer

halb zugewandt,

den strand

entlang gehst,

ziehst du

den mantel

enger um dich.

Zeitatem

Langsam, ganz langsam
tropft die Zeit.
Verschwendet sich nicht mehr
in ungehörten Sturzbächen.
Lacht das Lied der Waldelfen.
Tanzt den Reigen des Lebens.
Zeit hat sich selbst gefunden
und ruht sich aus.

Herbstlaublichtrauschen

Im Fließen sein
Im Sein fließen
Mich mit dem Hier und Jetzt verbinden
und im Lächeln finden

Im Lebensfluss dem Genuss hingeben
Und leben
Herbstlaublicht zur Seele spricht
Goldene Lebensfäden und Blätterrauschen

Im nordischen Himmelsblau
Kramermarktsorgeltöne fliegen durch den
Wind
Vermischen sich mit dem Herbstblattrauschen

Leise klimperndes Glasmobile
Bunte Lichtfunken versprühend
Klare Luft weitet die Lungenflügel

Die erbeben, sich langsam erheben
Mir Auftrieb verleihen
Und inneren Frieden
Im Sein

Novembersonne (fröhlicher November)

Ich genieß mit voller Wonne
mich erwärmende Sonne.
Ich streck' ihr mein Gesicht entgegen
und atme warmen Sonnensegen.

Nicht immer herrscht Novembergrau
mit wildem Wind und Regen.
Manchmal ist der Himmel blau,
macht Lust, sich zu bewegen.

Dann sind wir voller Leben,
bereit, uns hinzugeben.
Sind eins mit allen Welten
und rufen „mehr" statt „selten".

Jetzt ist das Leben licht und leicht,
nichts gilt es zu erlangen.
Wenn Dunkel Lichterglühen weicht,
dann will die Liebe uns umfangen.

Lauschen

Feuchtes Laub und nasse Straßen.
Ja, wir allesamt vergaßen,
ganz im Sommerrausch, dass es auch
ein Welken gibt.

Blätterbunt und Laubbergwirbel.
Und manchmal ists, als hättest du
die Linie längst überschritten
mit festen, harten Tritten.

Und während der erste Herbststurm tobt
hast du dir selbst ganz fest gelobt,
ab jetzt besser zu lauschen auf das,
was in dir reifen will.

Hagebuttenherbst II

Alles begann in der Nacht. Ja, ein neuer Anfang sozusagen. Blumen aus Licht vertrieben die Unruhe im Meer und sie wurde wieder Eins mit sich und der Welt.

„Alles ist so eigenartig heute," dachte sie und lauschte in die bäumerauschende Nacht. Es roch nach sterbendem Laub, feuchter Erde, nach Abschied und Vergehen. Ja, das war es. Natürlich. Wieso ging es ihr nur jedes Jahr aufs Neue so, dass sie nicht darauf kam, was sie da eigenartig kühl im Nacken umfasste und dann für kurze Zeit mit eisigem Griff umklammert hielt? Ihr Freund, der Herbst, war zurückgekehrt und schüttelte dem Land so heftig die Hand, dass die Blätter nur so aus den Bäumen stoben.

Es war ein herrlich milder Herbst, doch seit vier Tagen war es stark abgekühlt, sodass die Pflanzen unsanft daran erinnert wurden, dass die Zeit gekommen war, sich an Mutter Erde zu kuscheln wie eine schnurrende Katze an den wärmenden Ofen und auszuruhen. Genug geblüht und gewachsen. Nun hieß es Stängel, Ast und Borke wohlig zu recken und sich ganz der Innenschau hinzugeben.

Abschied liegt in der Luft, aber damit auch die Chance auf einen neuen Anfang, ging es ihr durch den Kopf, als sie langsam die Tür schloss, ein verlorenes gelbes Birkenblatt vom Steinfußboden aufhob und in das Wohnzimmer zurückkehrte.

Der Schein ihrer Leselampe beleuchtete eine Aster vor ihrem Fenster, die ihre lilafarbenen Köpfchen leise im Wind hin und her wiegte. Blumen im Herbst, dachte sie. Und was für Schöne hatte sie heute auf ihrem Spaziergang entdeckt: In allen Farben des Oktobertages hatten sie im unwirklichen Licht geleuchtet.

Sie setzte sich wieder in ihren Sessel, aus dem sie vorhin, von innerer Unruhe getrieben, aufgestanden war und lauschte in sich hinein. Die Wogen auf ihrem Gefühlsmeer wurden langsam sanfter, nun, da sie den Grund gefunden hatte. Sie atmete tief und ruhig, wurde wieder eins mit sich und der Welt. Bereit für das Neue. Bereit für den Hagebuttenherbst.

Novemberrain

It started to rain
Softly and smooth
My soul is in vain

Teardrops like rain
Soaking my heart
Weakening my brain

'Let go' says the rain
Cause there is sun
Behind all this pain

Winter

Kleine Schneeflocken fliegen
in schwindelerregendem Tanz
vor meinem Fenster.

Der Wind heult in den Rohren
und fegt den Schnee
von den Dächern.

Unwirkliches Winterlicht.
Traumlicht.

Klangtropfen

klopfen an das herz
auf den seelengong
dong

ping ping
kling
becken des lebens

jazz
zikade des winters
dum diding

Schneeblume

Elendes Nachtgestirn

Die Vollmondnacht hat Schnee
und dich um deinen Schlaf gebracht.

Leis und still ist er gefallen,
und hinterlässt wohl bei fast allen
weiße Flecken im Gehirn
und neue Falten auf der Stirn.

Die Vollmondnacht hat Schnee
und dich um deinen Schlaf gebracht.

Stark und mächtig ist er gekommen
und hat uns allen was genommen,
z. B. die weißfleckenkranke Zeit,
auch Stolz, Neid und Eitelkeit.

Die Vollmondnacht hat Schnee
und dich um deinen Schlaf gebracht.

Winterliedje

Ik kijk naar boven met een zucht,
spoedig wordt het winter.
Bladeren als gele sneeuw
vliegen door de lucht.

Adem wordt tot wolken,
vinger voelen klam.
Lekker theetje drinken,
daarbij een boterham.

Stil wordt nu de aarde,
schuilt onder witte dekens.
Rust onder hopen van lof.
Ook winter heeft zijn waarde.

Winterlied (Übersetzung 'Winterliedje')

Seufzend schau ich nach oben.
Bald wird es Winter.
Blätter fliegen wie gelber Schnee
wirbelnd durch die Luft.

Atem wird zu Wolken,
Finger sind ganz klamm.
Einen leckren Tee trinken,
dazu ein Butterbrot.

Still wird nun die Erde,
versteckt sich unter weißen Decken.
Ruht unter den Laubhaufen.
Auch Winter hat seinen Wert.

Eingeschneit

Eingeschneit
und weit
entfernt
von
Hektik, Stress und Stadtgewühl
lass ich meine Seele baumeln.

Aufgehört hat
blindes Taumeln.
Endlich wieder das Gefühl
von

Ruhe, Frieden, Stille.
Jetzt bestimmt mein eigner Wille
über Rhythmus, Zeit und Raum.

Zu lange wurde er verletzt.
Nun wird gelebt
und nicht gehetzt.

Schöne, leise Tage.
Willkommen ICH.

Besinnung

weiße Winterweite
eingeschneites Land
stiller Blick aus dem Fenster
auf die eigene Seele

still ergebene Baumleiber
gehüllt in zartes Weiß
lautlose Elstern
tragen die Farben der Landschaft

mit den Schneeflocken rieseln
die Gedanken
- werden leise

a t m e n

im R h y t h m u s

d e r Z e i t l o s i g k e i t

Flockenwesen

Viele kleine Flockenwesen
rieseln schnell zur Erde
wie eine Herde
friedlicher Tiere.

Leise, sanfte Himmelsboten
bringen weißes Winterlicht,
erinnern dich mit ihrem Strahlen
an Hoffnung, Freude, Zuversicht.

Diese frohe Flockenschar
zeigt den Weg zu stillem Glück.
Vor dir liegt ein neues Jahr
- blick nach vorn und nicht zurück!

winterreigen

nebelschweigender winterreigen
dünnklingende schneeflockengeigen

daumendickbereifter laubbaummann
kältestarrender eisblumenbann

dunkelblauklingendes kaltluftband
frostigumklammertes zitterland

tiefdurchkühltes grauerdenschweigen
schneebelastetes zweigeneigen

frohschabendes schlittschuheisritzen
frechbereifte grasbüschelspitzen

wildwirbelndes winterweißkreisen
wonnigwarme winterwaldweisen

winterzeilen

eisblumen schreiben
ihre winterzeilen in unsere seelen
geben uns langersehnten frieden

winter haucht uns stille ein
seelenschein im kerzenlicht
widerhall im klangkanon
des herzensrhythmus

spiegelglatter menschensee
hinwendung zum sein
aufgetautes seelenallerlei
im lebenstopf gegart

harren wir der dinge
die da kommen…

Winterwald

Ich sehne mich nach weißen Bäumen,
schwer geneigten Zweigen,
die unter Schneedecken träumen.

Schnee knirscht unter Sohlen
und von der Nasenspitze tropft
verstohlen
ein wenig Nasenflüssigkeit.

Klamme Finger in den Taschen.
Hey, da steckt noch was zu naschen.
Den leckren Bonbon aufgelutscht,
während du auf weißem Weg
schnell nach Hause rutscht.

Winterweiße Tage
sind so lange her,
dass ich mich langsam frage,
was los ist mit der Erde.
Gibt es keinen Winter mehr?
Auf dass es Winter werde!

Dezemberrose

Einsam im Wind
schaukelt ein
rotbewangtes Kind
auf grünem Stachelstängel.

Es ist bizarr
das leuchtende Rot,
befremdlich gar
in lauer Dezemberluft.

Nachtschatten - Schattennacht

Lange Schatten werfen der Nacht
ihre Messer in den Rücken
und beschwören das Dunkel.

Der Mond verfolgt die Wolken
durch die Schattennacht
und fängt silberne Tränen.

Die Welt versinkt in sich selbst
im Nebelgewand
und vergießt sich im Funkenregen.

Das Universum lächelt verschmitzt
vom Apfelbaum
und wirft sich goldene Bälle zu.

Hafenmelodie

im hafen
bricht sich
die welle

dort stehst du
in sicherer
entfernung

zur freiheit
tröstest dich:
ich könnte, wenn ich wollte

ziehst die mütze
tiefer ins gesicht
und kehrst
dem meer
den rücken
zu

Pause

Graues ödes Sein.
Bedrückende Stille.
Wie lange noch weghören?
Deine Seele friert
und will nach Hause.

Gibt es einen Weg durch den
Dschungel?
Führt ein Pfad zur
Lichtung?
Gibt es eine erfrischende
Quelle?
Für dich und dein Pferd?

Ausruhen auf weichem Moos,
die müden Glieder gestreckt.
Es ist Zeit für eine Pause
auf dem weiten
Lebensweg.

Willkommen ICH!

Eingeschneit
und weit
entfernt
von
Hektik, Stress und Stadtgewühl
lass' ich meine Seele baumeln.

Aufgehört hat
blindes Taumeln.
Endlich wieder das Gefühl
von
Ruhe, Frieden, Stille.
Jetzt bestimmt mein eigner Wille
über Rhythmus, Zeit und Raum.

Lange wurde er verletzt.
Nun wird gelebt
und nicht gehetzt.

Schöne leise Tage.
Willkommen ICH!

Wiederkehr –Einkehr

Grauumwittertes Fensterloch
schaut dich fragend an und sagt:
„Du?"

Schlanker gerader Baum,
hier und da ein wenig verwittert,
spiegelt sich im Glas.

„Wie die Jahre vergehen," denkst du.
„Ja, war lange nicht mehr hier," sagst du laut.
„Werde jetzt öfters vorbeischauen."

Ein leichter Wind geht durch die Zweige,
und es kommt dir vor, als verneige
sich die schlanke Birke vor dir.

Mit einem leisen Lächeln
im weiß berindeten Gesicht
steht sie da und winkt dir zu.

Schneestille

In Wäldern und Wiesen ringsumher
herrscht Schneestille
treibst
auf dem weiten, weißen Flockenmeer
- lautlos

In Augen und Herzen verbreitet
sich Schneetreiben
stehst
alle Sinne froh und geweitet
- erwartungslos

In Sternensee und Weltall vollzieht
sich der Schneetanz
fliegst
während Wandlung wärmend geschieht
- furchtlos

In Blumen und Bäumen erblüht
bunter Frühling
fühlst
wie Wachstum in dir glüht
- endlos

Ihr Lieben,

Weihnachten steht vor der Tür,

da kann der Jesus was dafür.

Geboren in der Winterzeit,

Grog macht warm und auch schön breit.

Im Hause riecht's nach Tannengrün,

gleichzeitig die Forsythien blüh'n.

Die Geschenke steh'n bereit,

oh gnadenvolle Weihnachtszeit!

Alle Jahre wieder

Und wieder ist ein Jahr herum.
Und wieder kommt ein Weihnachtsfest.
Und immer noch sind Menschen dumm.
Und immer kommt zum Schluss der Rest.

Und wieder wird gepackt, beschenkt.
Und wieder wird ein Baum behängt.
Und immer noch wird Fleisch gegrillt.
Und immer noch die Gier gestillt.

Und wieder kommt die Traurigkeit.
Und wieder die Verlegenheit.
Und immer noch wird weggeschaut.
Und immer mehr auf Sand gebaut.

Und wieder ist ein Fest vorbei.
Und wieder Alltagseinerlei.
Und immer noch sind wir nicht da.
Und warten auf ein neues Jahr.

Het sneeuwt

Het sneeuwt

Zacht en soepel

Op de koepel

Van jouw ziel

Onder een witte deken

Lig je de kanten

van jouw schaduw na te tekenen

Je neemt je nu de tijd ervoor

En bent stil

Stil

Zo oneindig

Stil

Es schneit (Übersetzung 'Het sneeuwt')

Es schneit

Sanft und weich

Auf die Kuppel

Deiner Seele

Unter einer weißen Decke

Liegst du, die Ränder

Deines Schattens nachzeichnend

Du nimmst dir nun die Zeit dafür

Und bist still

Still

So unendlich

Still

Das Ende

Das Jahr, es ist schon

ganz schön alt,

es ist fast nichts mehr dran.

Jetzt kommt nur noch

der Weihnachtsmann,

dann wird es abgeknallt.

Weltenwellengang

So wirst du weiter wandeln,
mehr sein als handeln.
Wach und mutig zu dir steh'n
und weiter deiner Wege geh'n.
Freundlich, still und schauend,
auf edle Werte bauend.
Dem Licht in dir vertrauend
und Morgenröte atmend
im Weltenwellengang.

Irgendwann wird die Reise enden
und du im Universum sein.
Goodbye zu Mauern, Zäunen, Wänden.
Es wird ein Tanz – wild, aber fein!
Du wirst wilde Funken sprühen
und mit den Sternen jonglieren.
Im eigenen Licht erglühen,
dich ganz im Alleins verlieren,
alles und nichts, das Paradoxon sein.

Wir sind nur eng
in unseren Köpfen,
nicht in unseren
Möglichkeiten.